Стихи А. А. Фета

Лондон
2023

Published 2023 by abramis academic publishing
www.abramis.co.uk

ISBN 978 1 84549 811 5

© Poel Karp 2023

All rights reserved

This book is copyright. Subject to statutory exception and to provisions of relevant collective licensing agreements, no part of this publication may be reproduced, stored in a retrieval system, or transmitted in any form or by any means, without the prior written permission of the author.

This book is sold subject to the conditions that it shall not, by way of trade or otherwise, be lent, re-sold, hired out, or otherwise circulated without the publisher's prior consent in any form of binding or cover other than that which it is published and without a similar condition including this condition being imposed on the subsequent purchaser.

The author has made every attempt to ensure that no copyright has been breached. Any problems can be rectified in any future edition

abramis is an imprint of arima publishing

arima publishing
ASK House, Northgate Avenue
Bury St Edmunds, Suffolk IP32 6BB
t: (+44) 01284 717884
www.arimapublishing.com

Читателю предлагаются стихи замечательного русского поэта А.А. Фета. (1820-1892). Их наиболее полное издание осуществлено «Библиотекой поэта» в 1986 году. Стихи для настоящего издания отобрал современный литератор П.Карп.

А.А. Фет
1820-1892

Когда мои мечты за гранью прошлых дней
Найдут тебя опять за дымкою туманной,
Я плачу сладостно, как первый иудей
На рубеже земли обетованной.

Не жаль мне детских игр, не жаль мне тихих снов,
Тобой так сладостно и больно возмущённых
В те дни, как постигал я первую любовь
По бунту чувств неугомонных.

По сжатию руки, по отблеску очей,
Сопровождаемым то вздохами, то смехом,
По ропоту простых, незначащих речей,
Лишь нам звучавших страсти эхом.

1844

Ты отстрадала, я еще страдаю,
Сомнением мне суждено дышать,
И трепещу, и сердцем избегаю
Искать того, чего нельзя понять.

А был рассвет! Я помню, вспоминаю
Язык любви, цветов, ночных лучей.
Как не цвести всевидящему маю
При отблеске родном таких очей!

Очей тех нет — и мне не страшны гробы,
Завидно мне безмолвие твое,
И, не судя ни тупости, ни злобы,
Скорей, скорей в твое небытие!

1878

Ничтожество

Тебя не знаю я. Болезненные крики
На рубеже твоем рождала грудь моя,
И были для меня мучительны и дики
Условья первые земного бытия.

Сквозь слез младенческих обманчивой улыбкой
Надежда озарить сумела мне чело,
И вот всю жизнь с тех пор ошибка за ошибкой,
Я все ищу добра — и нахожу лишь зло.

И дни сменяются утратой и заботой
(Не все ль равно: один иль много этих дней!),
Хочу тебя забыть над тяжкою работой,
Но миг — и ты в глазах с бездонностью своей.

Что ж ты? Зачем? — Молчат и чувства, и познанье.
Чей глаз хоть заглянул на роковое дно?
Ты — это ведь я сам. Ты только отрицанье
Всего, что чувствовать, что мне узнать дано.

Что ж я узнал? Пора узнать, что в мирозданьи,
Куда ни обратись, — вопрос, а не ответ;
А я дышу, живу и понял, что в незнаньи
Одно прискорбное, но страшного в нем нет.

А между тем, когда б, в смятении великом
Срываясь, силой я хоть детской обладал,
Я встретил бы твой край тем самым резким криком,
С каким я некогда твой берег покидал.

1880

Ласточки

Природы праздный соглядатай,
Люблю, забывши все кругом,
Следить за ласточкой стрельчатой
Над вечереющим прудом.

Вот понеслась и зачертила —
И страшно, чтобы гладь стекла
Стихией чуждой не схватила
Молниевидного крыла.

И снова то же дерзновенье
И та же темная струя, —
Не таково ли вдохновенье
И человеческого я?

Не так ли я, сосуд скудельный,
Дерзаю на запретный путь,
Стихии чуждой, запредельной,
Стремясь хоть каплю зачерпнуть?

1884

Осень

Как грустны сумрачные дни
Беззвучной осени и хладной!
Какой истомой безотрадной
К нам в душу просятся они!

Но есть и дни, когда в крови
Золотолиственных уборов
Горящих осень ищет взоров
И знойных прихотей любви.

Молчит стыдливая печаль,
Лишь вызывающее слышно,
И, замирающей так пышно,
Ей ничего уже не жаль.

1883

Учись у них — у дуба, у березы.
Кругом зима. Жестокая пора!
Напрасные на них застыли слезы,
И треснула, сжимаяся, кора.

Все злей метель и с каждою минутой.
Сердито рвет последние листы,
И за сердце хватает холод лютый;
Они стоят, молчат; молчи и ты!

Но верь весне. Ее промчится гений,
Опять теплом и жизнию дыша,
Для новых дней, для новых откровений
Переболит скорбящая душа.

1883

Страницы милые опять персты раскрыли;
Я снова умилен и трепетать готов,
Чтоб ветер иль рука чужая не сронили
Засохших, одному мне ведомых цветов.

О, как ничтожно все! От жертвы жизни целой,
От этих пылких жертв и подвигов святых —
Лишь тайная тоска в душе осиротелой
Да тени бледные у лепестков сухих.

Но ими дорожит мое воспоминанье;
Без них все прошлое — один жестокий бред,
Без них — один укор, без них — одно терзанье,
И нет прощения, и примиренья нет!

1888

Прости! во мгле воспоминанья
Все вечер помню я один, —
Тебя одну среди молчанья
И твой пылающий камин.

Глядя в огонь, я забывался,
Волшебный круг меня томил,
И чем-то горьким отзывался
Избыток счастия и сил.

Что за раздумие у цели?
Куда безумство завлекло?
В какие дебри и метели
Я уносил твое тепло?

Где ты? Ужель, ошеломленный,
Кругом не видя ничего,
Застывший, вьюгой убеленный,
Стучусь у сердца твоего?..

1888

Еще люблю, еще томлюсь
Перед всемирной красотою
И ни за что не отрекусь
От ласк, ниспосланных тобою.

Покуда на груди земной
Хотя с трудом дышать я буду,
Весь трепет жизни молодой
Мне будет внятен отовсюду.

Покорны солнечным лучам,
Там сходят корни в глубь могилы
И там у смерти ищут силы
Бежать навстречу вешним дням.

1890

Кляните нас: нам дорога свобода,
И буйствует не разум в нас, а кровь,
В нас вопиет всесильная природа,
И прославлять мы будем век любовь.

В пример себе певцов весенних ставим:
Какой восторг — так говорить уметь!
Как мы живем, так мы поем и славим,
И так живем, что нам нельзя не петь!

1891

О, как волнуюся я мыслию больною,
Что в миг, когда закат так девственно хорош,
Здесь на балконе ты, лицом перед зарею,
Восторга моего, быть может, не поймешь.

Внизу померкший сад уснул, — лишь тополь дальный
Все грезит в вышине, и ставит лист ребром,
И зыблет, уловя денницы блеск прощальный,
И чистым золотом и мелким серебром.

И верить хочется, что все, что так прекрасно,
Так тихо властвует в прозрачный этот миг,
По небу и душе проходит не напрасно,
Как оправдание стремлений роковых.

1891

Я болен, Офелия, милый мой друг!
    Ни в сердце, ни в мысли нет силы.
О, спой мне, как носится ветер вокруг
    Его одинокой могилы.

Душе раздраженной и груди больной
    Понятны и слезы, и стоны.
Про иву, про иву зеленую спой,
    Про иву сестры Дездемоны.

1847

На заре ты ее не буди,
На заре она сладко так спит;
Утро дышит у ней на груди,
Ярко пышет на ямках ланит.

И подушка ее горяча,
И горяч утомительный сон,
И, чернеясь, бегут на плеча
Косы лентой с обеих сторон.

А вчера у окна ввечеру
Долго-долго сидела она
И следила по тучам игру,
Что, скользя, затевала луна.

И чем ярче играла луна,
И чем громче свистал соловей,
Все бледней становилась она,
Сердце билось больней и больней.

Оттого-то на юной груди,
На ланитах так утро горит.
Не буди ж ты ее, не буди...
На заре она сладко так спит!

1842

Весенние мысли

Снова птицы летят издалека
К берегам, расторгающим лед.
Солнце теплое ходит высоко
И душистого ландыша ждет.

Снова в сердце ничем не умеришь
До ланит восходящую кровь,
И душою подкупленной веришь,
Что как мир бесконечна любовь.

Но сойдемся ли снова так близко
Средь природы разнеженной мы,
Как видало ходившее низко
Нас холодное солнце зимы?

1848

Пришла, — и тает все вокруг,
Все жаждет жизни отдаваться,
И сердце, пленник зимних вьюг,
Вдруг разучилося сжиматься.

Заговорило, зацвело
Все, что вчера томилось немо,
И вздохи неба принесло
Из растворенных врат эдема.

Как весел мелких туч поход!
И в торжестве неизъяснимом
Сквозной деревьев хоровод
Зеленоватым пышет дымом,

Поет сверкающий ручей,
И с неба песня, как бывало;
Как будто говорится в ней:
Все, что ковало, — миновало.

Нельзя заботы мелочной
Хотя на миг не устыдиться,
Нельзя пред вечной красотой
Не петь, не славить, не молиться.

1866

Майская ночь

Отсталых туч над нами пролетает
    Последняя толпа.
Прозрачный их отрезок мягко тает
    У лунного серпа.

Царит весны таинственная сила
    С звездами на челе —
Ты, нежная! Ты счастье мне сулила
    На суетной земле.

А счастье где? Не здесь, в среде убогой,
    А вон оно — как дым.
За ним! за ним! воздушною дорогой —
    И в вечность улетим!

1870

Зреет рожь над жаркой нивой,
И от нивы и до нивы
Гонит ветер прихотливый
Золотые переливы.

Робко месяц смотрит в очи,
Изумлен, что день не минул,
Но широко в область ночи
День объятия раскинул.

Над безбрежной жатвой хлеба
Меж заката и востока
Лишь на миг смежает небо
Огнедышащее око.

1859

Непогода — осень — куришь,
Куришь — все как будто мало.
Хоть читал бы, — только чтенье
Продвигается так вяло.

Серый день ползет лениво,
И болтают нестерпимо
На стене часы стенные
Языком неутомимо.

Сердце стынет понемногу,
И у жаркого камина
Лезет в голову больную
Все такая чертовщина!

Над дымящимся стаканом
Остывающего чаю,
Слава богу, понемногу,
Будто вечер, засыпаю...

1847

Псовая охота

Последний сноп свезен с нагих полей,
По стоптанным гуляет жнивьям стадо,
И тянется станица журавлей
Над липником замолкнувшего сада.

Вчера зарей впервые у крыльца
Вечерний дождь звездами начал стынуть.
Пора седлать проворного донца
И звонкий рог за плечи перекинуть!

В поля! В поля! Там с зелени бугров
Охотников внимательные взоры
Натешатся на острова лесов
И пестрые лесные косогоры.

Уже давно, осыпавшись с вершин,
Осинников редеет глубь густая
Над гулкими извивами долин
И ждет рогов да заливного лая.

Семьи волков притон вчера открыт,
Удастся ли сегодня травля наша?
Но вот русак сверкнул из-под копыт,
Все сорвалось – и заварилась каша:

«Отбей собак! Скачи наперерез!»
И красный верх папахи вдаль помчался;
Но уж давно весь голосистый лес
На злобный лай стократно отозвался.

1857

Осенняя роза

Осыпал лес свои вершины,
Сад обнажил свое чело.
Дохнул сентябрь, и георгины
Дыханьем ночи обожгло.

Но в дуновении мороза
Между погибшими одна,
Лишь ты одна, царица роза,
Благоуханна и пышна.

Назло жестоким испытаньям
И злобе гаснущего дня
Ты очертаньем и дыханьем
Весною веешь на меня.

              1886

Кот поет, глаза прищуря,
Мальчик дремлет на ковре,
На дворе играет буря,
Ветер свищет на дворе.

«Полно тут тебе валяться,
Спрячь игрушки да вставай!
Подойди ко мне прощаться,
Да и спать себе ступай».

Мальчик встал. А кот глазами
Поводил и все поет;
В окна снег валит клоками,
Буря свищет у ворот.

1841

Чудная картина,
Как ты мне родна:
Белая равнина,
Полная луна.

Свет небес высоких,
И блестящий снег,
И саней далеких
Одинокий бег.

     1841

Ночь светла, мороз сияет,
Выходи — снежок хрустит;
Пристяжная озябает
И на месте не стоит.

Сядем, полость застегну я, —
Ночь светла, и ровен путь.
Ты ни слова, — замолчу я,
И — пошел куда ни будь!

1847

Зеркало в зеркало, с трепетным лепетом,
Я при свечах навела;
В два ряда свет — и таинственным трепетом
Чудно горят зеркала.

Страшно припомнить душой оробелою:
Там, за спиной, нет огня...
Тяжкое что-то над шеею белою
Плавает, давит меня!

Ну как уставят гробами дубовыми
Весь этот ряд между свеч!
Ну как лохматый с глазами свинцовыми
Выглянет вдруг из-за плеч!

Ленты да радуги, ярче и жарче дня...
Дух захватило в груди...
Суженый! золото, серебро!...Чур меня,
Чур меня – сгинь, пропади!

1842

Не отходи от меня,
Друг мой, останься со мной!
Не отходи от меня:
Мне так отрадно с тобой...

Ближе друг к другу, чем мы, —
Ближе нельзя нам и быть;
Чище, живее, сильней
Мы не умеем любить.

Если же ты — предо мной,
Грустно головку склоня, —
Мне так отрадно с тобой:
Не отходи от меня!

1842

Я полон дум, когда закрывши вежды,
      Внимаю шум
Младого дня и молодой надежды;
      Я полон дум.

Я все с тобой, когда рука неволи
      Владеет мной —
И целый день, туманно ли, светло ли —
      Я все с тобой.

Вот месяц всплыл в своем сияньи дивном
      На высоты,
И водомет в лобзаньи непрерывном, —
      О где же ты?

      1843

Полуночные образы реют,
Блещут искрами ярко впотьмах,
Но глаза различить не умеют
Много ль их на тревожных крылах.

Полуночные образы стонут,
Как больной в утомительном сне,
И всплывают, и стонут, и тонут —
Но о чем это стонут оне?

Полуночные образы воют,
Как духов испугавшийся пес;
То нахлынут, то бездну откроют,
Как волна обнажает утес.

1843

Шумела полночная вьюга
В лесной и глухой стороне.
Мы сели с ней друг подле друга.
Валежник свистал на огне.

И наших двух теней громады
Лежали на красном полу,
А в сердце ни искры отрады,
И нечем прогнать эту мглу!

Березы скрипят за стеною,
Сук ели трещит смоляной...
О, друг мой, скажи, что с тобою?
Я знаю давно, что со мной!

1842

Недвижные очи, безумные очи,
Зачем вы средь дня и в часы полуночи
Так жадно вперяетесь вдаль?
Ужели вы в том потонули минувшем,
Давно и мгновенно пред вами мелькнувшем,
Которого сердцу так жаль?

Не высмотреть вам чего нет и что было,
Что сердце, тоскуя, в себе схоронило
На самое темное дно;
Не вам допросить у случайности жадной,
Куда она скрыла рукой беспощадной,
Что было так щедро дано!

1846

Как мошки зарею,
Крылатые звуки толпятся;
С любимой мечтою
Не хочется сердцу расстаться.

Но цвет вдохновенья
Печален средь буднишних терний;
Былое стремленье
Далеко, как отблеск вечерний.

Но память былого
Все крадется в сердце тревожно...
О, если б без слова
Сказаться душой было можно!

1844

Спи – еще зарею
Холодно и рано;
Звезды за горою
Блещут средь тумана;

Петухи недавно
В третий раз пропели,
С колокольни плавно
Звуки пролетели.

Дышат лип верхушки
Негою отрадной,
А углы подушки
Влагою прохладной.

1847

Римский праздник

Не напевай тоскливой муки
И слезный трепет утиши,
Воздушный голос! — Эти звуки
Смущают кроткий мир души.

Вокруг светло. На праздник Рима
Взглянули ярко небеса —
И высоко-неизмерима
Их светло-синяя краса.

Толпа ликует как ребенок,
На перекрестках шум и гул,
В кистях пунцовых, бодр и звонок,
По мостовой ступает мул.

В дыханьи чары мимолетной
Уже ласкались вкруг меня
И радость жизни беззаботной,
И свет безоблачного дня.

Но ты запел — и злые звуки
Смущают кроткий мир души...
О, не зови тоскливой муки
И слезный трепет утиши!

1857

Вчера я шел по зале освещенной,
Где так давно встречались мы с тобой.
Ты здесь опять! Безмолвный и смущенный,
Невольно я поникнул головой.

И в темноте тревожного сознанья
Былые дни я различал едва,
Когда шептал безумные желанья
И говорил безумные слова.

Знакомыми напевами томимый,
Стою. В глазах движенье и цветы —
И кажется, летя под звук любимый,
Ты прошептала кротко: «Что же ты?»

И звуки те ж, и те ж благоуханья,
И чувствую — пылает голова.
И я шепчу безумные желанья
И лепечу безумные слова

1857

Бал

Когда трепещут эти звуки
И дразнит ноющий смычок,
Слагая на коленях руки,
Сажусь в забытый уголок.

И, как заря румянец дальный
Иль дней былых немая речь,
Меня пленяет вихорь бальный
И шевелит мерцанье свеч.

О, как, ничем неукротимо,
Уносит к новости былой
Вблизи порхающее мимо
Круженье пары молодой!

Чего хочу? Иль, может статься,
Бывалой жизнию дыша,
В чужой восторг переселяться
Заране учится душа?

1857

Ярким солнцем в лесу пламенеет костер,
И, сжимаясь, трещит можжевельник;
Точно пьяных гигантов столпившийся хор,
Раскрасневшись, шатается ельник.

Я и думать забыл про холодную ночь, —
До костей и до сердца прогрело;
Что смущало, колеблясь умчалося прочь,
Будто искры в дыму улетело.

Пусть на зорьке, все ниже спускаясь, дымок
Над золою замрет сиротливо;
Долго-долго, до поздней поры огонек
Будет теплиться скупо, лениво.

И лениво и скупо мерцающий день
Ничего не укажет в тумане;
У холодной золы изогнувшийся пень
Прочернеет один на поляне.

Но нахмурится ночь — разгорится костер,
И, виясь, затрещит можжевельник,
И, как пьяных гигантов столпившийся хор,
Покраснев, зашатается ельник.

1859

Сияла ночь. Луной был полон сад. Лежали
Лучи у наших ног в гостиной без огней.
Рояль был весь раскрыт, и струны в нем дрожали,
Как и сердца у нас за песнию твоей.

Ты пела до зари, в слезах изнемогая,
Что ты одна — любовь, что нет любви иной,
И так хотелось жить, чтоб, звука не роняя,
Тебя любить, обнять и плакать над тобой.

И много лет прошло, томительных и скучных,
И вот в тиши ночной твой голос слышу вновь,
И веет, как тогда, во вздохах этих звучных,
Что ты одна — вся жизнь, что ты одна — любовь.

Что нет обид судьбы и сердца жгучей муки,
А жизни нет конца, и цели нет иной,
Как только веровать в рыдающие звуки,
Тебя любить, обнять и плакать над тобой!

1877

В дымке-невидимке
Выплыл месяц вешний,
Цвет садовый дышит
Яблонью, черешней.
Так и льнет, целуя,
Тайно и нескромно.
И тебе не грустно?
И тебе не томно?

Истерзался песней
Соловей без розы.
Плачет старый камень,
В пруд роняя слезы.
Уронила косы
Голова невольно.
И тебе не томно?
И тебе не больно?

1873

Истрепалися сосен мохнатые ветви от бури,
Изрыдалась осенняя ночь ледяными слезами,
Ни огня на земле, ни звезды в овдовевшей лазури,
Все сорвать хочет ветер, все смыть хочет ливень ручьями.

Никого! Ничего! Даже сна нет в постели холодной,
Только маятник грубо-насмешливо меряет время.
Оторвись же от тусклой свечи ты душою свободной!
Или тянет к земле роковое, тяжелое бремя?

О. войди ж в этот мрак, улыбнись, благосклонная фея,
И всю жизнь в этот миг я солью, этим мигом измерю,
И, речей благовонных созвучием слух возлелея,
Не признаю часов и рыданьям ночным не поверю!

1860

Месяц зеркальный плывет по лазурной пустыне,
Травы степные унизаны влагой вечерней,
Речи отрывистей, сердце опять суеверней,
Длинные тени вдали потонули в ложбине.

В этой ночи, как в желаниях, все беспредельно,
Крылья растут у каких-то воздушных стремлений,
Взял бы тебя и помчался бы так же бесцельно,
Свет унося, покидая неверные тени.

Можно ли, друг мой, томиться в тяжелой кручине?
Как не забыть, хоть на время, язвительных терний?
Травы степные сверкают росою вечерней,
Месяц зеркальный бежит по лазурной пустыне.

1863

Романс

Злая песнь! Как больно возмутила
Ты дыханьем душу мне до дна!
До зари в груди дрожала, ныла
Эта песня — эта песнь одна.

И поющим отдаваться мукам
Было слаще обаянья сна;
Умереть хотелось с каждым звуком,
Сердцу грудь казалася тесна.

Но с зарей потухнул жар напевный
И душа затихнула одна.
В озаренной глубине душевной
Лишь улыбка уст твоих видна.

1882

Я видел, твой млечный, младенческий волос,
Я слышал твой сладко вздыхающий голос —
И первой зари я почувствовал пыл;
Налету весенних порывов подвластный,
Дохнул я струею и чистой и страстной
У пленного ангела с веющих крыл.

Я понял те слезы, я понял те муки,
Где слово немеет, где царствуют звуки,
Где слышишь не песню, а душу певца,
Где дух покидает ненужное тело,
Где внемлешь, что радость не знает предела,
Где веришь, что счастью не будет конца.

1884

Только в мире и есть, что тенистый
Дремлющих кленов шатер.
Только в мире и есть, что лучистый
Детски задумчивый взор.

Только в мире и есть, что душистый
Милой головки убор.
Только в мире и есть этот чистый
Влево бегущий пробор.

1883

В лунном сиянии

Выйдем с тобой побродить
    В лунном сиянии!
Долго ли душу томить
    В темном молчании!

Пруд как блестящая сталь,
    Травы в рыдании,
Мельница, речка и даль
    В лунном сиянии.

Можно ль тужить и не жить
    Нам в обаянии?
Выйдем тихонько бродить
    В лунном сиянии!

1885

Что за звук в полумраке вечернем? Бог весть, —
    То кулик простонал или сыч.
Расставанье в нем есть, и страданье в нем есть.
    И далекий неведомый клич.

Точно грезы больные бессонных ночей
    В этом плачущем звуке слиты, —
И не нужно речей, ни огней, ни очей —
    Мне дыхание скажет, где ты.

        1887

Я тебе ничего не скажу,
Я тебя не встревожу ничуть,
И о том, что я молча твержу,
Не решусь ни за что намекнуть.

Целый день спят ночные цветы,
Но лишь солнце за рощу зайдет,
Раскрываются тихо листы
И я слышу, как сердце цветет.

И в больную, усталую грудь
Веет влагой ночной... я дрожу.
Я тебя не встревожу ничуть,
Я тебе ничего не скажу.

1885

Моего тот безумства желал, кто смежал
Этой розы завои, и блестки, и росы;
Моего тот безумства желал, кто свивал
Эти тяжким узлом набежавшие косы.

Злая старость хотя бы всю радость взяла,
А душа моя так же пред самым закатом
Прилетела б со стоном сюда, как пчела,
Охмелеть, упиваясь таким ароматом.

И, сознание счастья на сердце храня,
Стану буйства я жизни живым отголоском.
Этот мед благовонный — он мой, для меня,
Пусть другим он останется топким лишь воском!

1881

Во сне

Как вешний день, твой лик приснился снова, —
Знакомую приветствую красу,
И по волнам ласкающего слова
Я образ твой прелестный понесу.

Сомнений нет, неясной нет печали,
Все высказать во сне умею я.
И мчит да мчит все далее и дале
С тобою нас воздушная ладья.

Перед тобой с коленопреклоненьем
Стою, пленен волшебною игрой,
А за тобой – колеблемый движеньем,
Неясных звуков отстающий рой.

     1890

Мы встретились вновь после долгой разлуки,
    Очнувшись от тяжкой зимы;
Мы жали друг другу холодные руки,
    И плакали, плакали мы.

Но в крепких незримых оковах сумели
    Держать нас людские умы;
Как часто в глаза мы друг другу глядели,
    И плакали, плакали мы!

Но вот засветилось над черною тучей
    И глянуло солнце из тьмы;
Весна, — мы сидели под ивой плакучей,
    И плакали, плакали мы!

1891

Шепот, робкое дыханье,
    Трели соловья,
Серебро и колыханье
    Сонного ручья,

Свет ночной, ночные тени,
    Тени без конца,
Ряд волшебных изменений
    Милого лица,

В дымных тучках пурпур розы,
    Отблеск янтаря,
И лобзания, и слезы,
    И заря, заря!..

1850

Заря прощается с землею,
Ложится пар на дне долин,
Смотрю на лес, покрытый мглою,
И на огни его вершин.

Как незаметно потухают
Лучи и гаснут под конец!
С какою негой в них купают
Деревья пышный свой венец!

И все таинственней, безмерней
Их тень растет, растет как сон;
Как тонко по заре вечерней
Их легкий очерк вознесен!

Как будто, чуя жизнь двойную
И ей овеяны вдвойне, —
И землю чувствуют родную
И в небо просятся оне.

1858

Колокольчик.

Ночь нема, как дух бесплотный,
Теплый воздух онемел;
Но как будто мимолетный
Колокольчик прозвенел.

Тот ли это, что мешает
Вдалеке лесному сну
И, качаясь, набегает
На ночную тишину?

Или этот, чуть заметный
В цветнике моем и днем,
Узкодонный, разноцветный,
На тычинке под окном?

1859

Благовонная ночь, благодатная ночь,
    Раздраженье недужной души!
Все бы слушал тебя — и молчать мне невмочь
    В говорящей так ясно тиши.

Широко раскидалась лазурная высь,
    И огни золотые горят;
Эти звезды кругом точно все собрались,
    Не мигая, смотреть в этот сад.

А уж месяц, что всплыл над зубцами аллей
    И в лицо прямо смотрит, — он жгуч;
В недалекой тени непроглядных ветвей
    И сверкает, и плещется ключ.

И меняется звуков отдельный удар;
    Так ласкательно шепчут струи,
Словно робкие струны воркуют гитар,
    Напевая призывы любви.

Словно все и горит и звенит заодно,
    Чтоб мечте невозможной помочь;
Словно, дрогнув слегка, распахнется окно
    Поглядеть в серебристую ночь.

1887

Сегодня все звезды так пышно
Огнем голубым разгорались,
А ты промелькнула неслышно,
И взоры твои преклонялись.

Зачем же так сердце нестройно
И робко в груди застучало?
Зачем под прохладой так знойно
В лицо мне заря задышала?

Всю ночь прогляжу на мерцанье,
Что светит и мощно и нежно,
И яркое это молчанье
Разгадывать стану прилежно.

1888

Облаком волнистым
Пыль встает вдали;
Конный или пеший
Не видать в пыли!

Вижу: кто-то скачет
На лихом коне.
Друг мой, друг далекий,
Вспомни обо мне!

1843

Я пришел к тебе с приветом,
Рассказать, что солнце встало,
Что оно горячим светом
На листах затрепетало;

Рассказать, что лес проснулся,
Весь проснулся, веткой каждой,
Каждой птицей встрепенулся
И весенней полон жаждой;

Рассказать, что с той же страстью,
Как вчера, пришел я снова,
Что душа все так же счастью
И тебе служить готова;

Рассказать, что отовсюду
На меня весельем веет,
Что не знаю сам, что буду
Петь, — но только песня зреет.

1843

Люди спят; мой друг, пойдем в тенистый сад.
Люди спят; одни лишь звезды к нам глядят.
Да и то не видят нас среди ветвей
И не слышат — слышит только соловей...
Да и тот не слышит, — песнь его громка;
Разве слышат только сердце да рука:
Слышит сердце, сколько радостей земли,
Сколько счастия сюда мы принесли;
Да рука, услыша, сердцу говорит,
Что чужая в ней пылает и дрожит,
Что и ей от этой дрожи горячо,
Что к плечу невольно клонится плечо...

1853

Растут, растут причудливые тени,
  В одну сливаясь тень...
Уже позолотил последние ступени
  Перебежавший день.

Что звало жить, что силы горячило —
  Далеко за горой.
Как призрак дня, ты, бледное светило,
  Восходишь над землей.

И на тебя как на воспоминанье
  Я обращаю взор...
Смолкает лес, бледней ручья сиянье,
  Потухли выси гор;

Лишь ты одно скользишь стезей лазурной;
  Недвижно все окрест...
Да сыплет ночь своей бездонной урной
  К нам мириады звезд.

1853

Больной

Его томил недуг. Тяжелый зной печей,
Казалось, каждый вздох оспаривал у груди.
Его томил напев бессмысленных речей,
Ему противны стали люди.

На стены он кругом смотрел как на тюрьму,
Он обращал к окну горящие зеницы,
И света божьего хотелося ему —
Хотелось воздуха, которым дышат птицы.

А там, за стеклами, как чуткий сон легки,
С востока яркого все шире дни летели,
И солнце теплое, морозам вопреки,
Вдоль крыш развесило капели.

Просиживая дни, он думал все одно
«Я знаю, небеса весны меня излечат...»
И ждал он, скоро ли весна пахнет в окно
И там две ласточки, прижавшись, защебечут.

1855

В саду

Приветствую тебя, мой добрый, старый сад,
Цветущих лет цветущее наследство!
С улыбкой горькою я пью твой аромат,
Которым некогда мое дышало детство.

Густые липы те ж, но заросли слова,
Которые в тени я вырезал искусно,
Хватает за ноги заглохшая трава,
И чувствую, что там, в лесу, мне будет грустно.

Как будто с трепетом здесь каждого листа
Моя пробудится и затрепещет совесть,
И станут лепетать знакомые места
Давно забытую, оплаканную повесть.

И скажут: «Помним мы, как ты играл и рос,
Мы помним, как потом, в последний час разлуки,
Венком из молодых и благовонных роз
Тебя здесь нежные благословляли руки.

Скажи, где розы те, которые такой
Веселой радостью и свежестью дышали?»
Одни я раздарил с безумством и тоской,
Другие растерял — и все они увяли.

А вы — вы молоды и пышны до конца.
Я рад — и радости вполне вкусить не смею;
Стою как блудный сын перед лицом отца,
И плакать бы хотел — и плакать не умею!

1854

Какие-то носятся звуки
И льнут к моему изголовью.
Полны они томной разлуки,
Дрожат небывалой любовью.

Казалось бы, что ж? Отзвучала
Последняя нежная ласка.
По улице пыль пробежала,
Почтовая скрылась коляска...

И только...Но песня разлуки
Несбыточной дразнит любовью,
И носятся светлые звуки
И льнут к моему изголовью.

1863

У камина

Тускнеют угли. В полумраке
Прозрачный вьется огонек.
Так плещет на багряном маке
Крылом лазурным мотылек.

Видений пестрых вереница
Влечет, усталый теша взгляд,
И нерзганные лица
Из пепла серого глядят.

Встает ласкательно и дружно
Былое счастье и печаль,
И лжет душа, что ей не нужно
Всего, чего глубоко жаль.

1856

Горное ущелье

За лесом лес и за горами горы,
За темными лилово-голубые,
И если долго к ним приникнут взоры,
За бледным рядом выступят другие.

Здесь темный дуб и ясень изумрудный,
А там лазури тающая нежность ...
Как будто из действительности чудной
Уносишься в волшебную безбрежность.

И в дальний блеск душа лететь готова,
Не трепетом, а радостью объята,
Как будто это чувство ей не ново,
А сладостно уж грезилось когда-то.

1856

Музе

Надолго ли опять мой угол посетила,
Заставила еще томиться и любить?
Кого на этот раз собою воплотила?
Чьей речью ласковой сумела подкупить?

Дай руку. Сядь. Зажги свой факел вдохновенный.
Пой, добрая! В тиши признаю голос твой
И стану, трепетный, коленопреклоненный,
Запоминать стихи, пропетые тобой.

Как сладко, позабыв житейское волненье,
От чистых помыслов пылать и потухать,
Могучее твое учуя дуновенье,
И вечно девственным словам твоим внимать.

Пошли, небесная, ночам моим бессонным
Еще блаженных снов и славы и любви,
И нежным именем, едва произнесенным,
Мой труд задумчивый опять благослови.

1857

Я был опять в саду твоем,
И увела меня аллея
Туда, где мы весной вдвоем
Бродили, говорить не смея.

Как сердце робкое влекло
Излить надежду, страх и пени, —
А юный лист тогда назло
Нам посылал так мало тени.

Теперь и тень в саду темна
И трав сильней благоуханье;
Зато какая тишина,
Какое томное молчанье!

Один зарею соловей,
Таясь во мраке, робко свищет,
И под навесами ветвей
Напрасно взор кого-то ищет.

1857

Грезы

Мне снился сон, что сплю я непробудно,
Что умер я и в грезы погружен;
И на меня ласкательно и чудно
Надежды тень навеял этот сон.

Я счастья жду, какого — сам не знаю,
Вдруг колокол — и все уяснено;
И просияв душой, я понимаю,
Что счастье в этих звуках. – Вот оно!

И звуки те прозрачнее, и чище,
И радостней всех голосов земли;
И чувствую — на дальнее кладбище
Меня под них, качая, понесли.

В груди восторг и сдавленная мука,
Хочу привстать, хоть раз еще вздохнуть
И, на волне ликующего звука
Умчася вдаль, во мраке потонуть.

1857

Молчали листья, звезды рдели,
    И в этот час
С тобой на звезды мы глядели,
    Они — на нас.

Когда все небо так глядится
    В живую грудь,
Как в этой груди затаится
    Хоть что-нибудь?

Все, что хранит и будит силу
    Во всем живом,
Все, что уносится в могилу
    От всех тайком,

Что чище звезд, пугливей ночи,
    Страшнее тьмы,
Тогда, взглянув друг другу в очи,
    Сказали мы.

1859

Чем тоске я не знаю помочь;
Грудь прохлады свежительной ищет,
Окна настежь, уснуть мне невмочь,
А в саду над ручьем во всю ночь
Соловей разливается-свищет.

Стройный тополь стоит под окном,
Листья в воздухе все онемели,
Точно думы все те же и в нем,
Точно судит меня он с певцом, —
Не проронит ни вздоха, ни трели.

На заре только клонит ко сну,
Но лишь яркий багрянец замечу —
Разгорюсь — и опять не усну.
Знать, в последний встречаю весну
И тебя на земле уж не встречу.

1862

Осенью

Когда сквозная паутина
Разносит нити ясных дней
И под окном у селянина
Далекий благовест слышней,

Мы не грустим, пугаясь снова
Дыханья близкого зимы,
А голос лета прожитого
Яснее понимаем мы.

1870

В душе, измученной годами,
Есть неприступный чистый храм,
Где все нетленно, что судьбами
В отраду посылалось нам.

Для мира путь к нему заглохнет, —
Но в этот девственный тайник,
Хотя б и мог, скорей иссохнет,
Чем путь укажет мой язык.

Скажи же, — как, при первой встрече,
Успокоительно светла,
Вчера — о, как оно далече! —
Живая ты в него вошла?

И вот отныне поневоле
В блаженной памяти моей.
Одной улыбкой нежной боле,
Одной звездой любви светлей.

1867

Чем безнадежнее и строже
Года разъединяют нас,
Тем сердцу моему дороже,
Дитя, с тобой крылатый час.

Я лет не чувствую суровых,
Когда в глаза ко мне порой
Из-под ресниц твоих шелковых
Заглянет ангел голубой.

Не в силах ревности мятежность
Я победить и скрыть печаль, —
Мне эту девственную нежность
В глазах толпы оставить жаль!

Я знаю, жизнь не даст ответа
Твоим несбыточным мечтам,
И лишь одна душа поэта —
Их вечно празднующий храм.

1861

Как нежишь ты, серебряная ночь,
В душе расцвет немой и тайной силы!
О, окрыли — и дай мне превозмочь
Весь этот тлен бездушный и унылый!

Какая ночь! Алмазная роса
Живым огнем с огнями неба в споре,
Как океан, разверзлись небеса,
И спит земля — и теплится, как море.

Мой дух, о ночь, как падший серафим,
Признал родство с нетленной жизнью звездной
И, окрылен дыханием твоим,
Готов лететь над этой тайной бездной.

1865

Кому венец: богине ль красоты
Иль в зеркале ее изображенью?
Поэт смущен, когда дивишься ты
Богатому его воображенью.

Не я, мой друг, а божий мир богат,
В пылинке он лелеет жизнь и множит,
И что один твой выражает взгляд,
Того поэт пересказать не может.

1865

Тополь

Сады молчат. Унылыми глазами
С унынием в душе гляжу вокруг;
Последний лист разметан под ногами,
Последний лучезарный день потух.

Лишь ты один над мертвыми степями
Таишь, мой тополь, смертный свой недуг
И, трепеща по-прежнему листами,
О вешних днях лепечешь мне как друг.

Пускай мрачней, мрачнее дни за днями
И осени тлетворный веет дух;
С подъятыми ты к небесам ветвями
Стоишь один и помнишь теплый юг.

1859

Только встречу улыбку твою,
Или взгляд уловлю твой отрадный, —
Не тебе песнь любви я пою,
А твоей красоте ненаглядной.

Про певца по зарям говорят,
Будто розу влюбленною трелью
Восхвалять неумолчно он рад,
Над душистой ее колыбелью.

Но безмолвствует, пышно-чиста,
Молодая владычица сада:
Только песне нужна красота,
Красоте же и песен не надо.

1873

Псевдопоэту

Молчи, поникни головою,
Как бы представ на страшный суд,
Когда случайно пред тобою
Любимца муз упомянут!

На рынок! Там кричит желудок,
Там для стоокого слепца
Ценней грошовый твой рассудок
Безумной прихоти певца.

Там сбыт малеванному хламу,
На этой затхлой площади, —
Но к музам, к чистому их храму,
Продажный раб, не подходи!

Влача по прихоти народа
В грязи низкопоклонный стих,
Ты слова гордого *свобода*
Ни разу сердцем не постиг.

Не возносился богомольно
Ты в ту свежеющую мглу,
Где беззаветно лишь привольно
Свободной песне да орлу.

1866

Солнца луч промеж лип был и жгуч и высок,
Пред скамьей ты чертила блестящий песок,
Я мечтам золотым отдавался вполне, —
Ничего ты на все не ответила мне.

Я давно угадал, что мы сердцем родня,
Что ты счастье свое отдала за меня.
Я рвался, я твердил о не нашей вине, —
Ничего ты на все не ответила мне.

Я молил, повторял, что нельзя нам любить,
Что минувшие дни мы должны позабыть,
Что в грядущем цветут все права красоты, —
Мне и тут ничего не ответила ты.

С опочившей я глаз был не в силах отвесть, —
Всю погасшую тайну хотел я прочесть.
И лица твоего мне простили ль черты? —
Ничего, ничего не ответила ты!

1885

Как беден наш язык! — Хочу и не могу, —
Не передать того ни другу, ни врагу,
Что буйствует в груди прозрачною волною.
Напрасно вечное томление сердец,
И клонит голову маститую мудрец
Пред этой ложью роковою.

Лишь у тебя, поэт, крылатый слова звук
Хватает на лету и закрепляет вдруг
И темный бред души и трав неясный запах;
Так, для безбрежного покинув скудный дол,
Летит за облака Юпитера орел,
Сноп молнии неся мгновенный в верных лапах.

1887

Ты вся в огнях. Твоих зарниц
И я сверканьями украшен;
Под сенью ласковых ресниц
Огонь небесный мне не страшен.

Но я боюсь таких высот,
Где устоять я не умею.
Как сохранить мне образ тот,
Что придан мне душой твоею?

Боюсь — на бледный облик мой
Падет твой взор неблагосклонный,
И я очнусь перед тобой
Угасший вдруг и опаленный.

1886

Как трудно повторять живую красоту
Твоих воздушных очертаний;
Где силы у меня схватить их на лету
Средь непрестанных колебаний?

Когда из-под ресниц пушистых на меня
Блеснут глаза с просветом ласки,
Где кистью трепетной я наберу огня?
Где я возьму небесной краски?

В усердных поисках все кажется: вот-вот
Приемлет тайна лик знакомый, —
Но сердца бедного кончается полет
Одной бессильною истомой.

1888

На качелях

И опять в полусвете ночном
Средь веревок, натянутых туго,
На доске этой шаткой вдвоем
Мы стоим и бросаем друг друга.

И, чем ближе к вершине лесной,
Чем страшнее стоять и держаться,
Тем отрадней взлетать над землей
И одним к небесам приближаться.

Правда, это игра, и притом
Может выйти игра роковая,
Но и жизнью играть нам вдвоем –
Это счастье, моя дорогая!

1890

Из тонких линий идеала,
Из детских очерков чела
Ты ничего не потеряла,
Но все ты вдруг приобрела.

Твой взор открытей и бесстрашней,
Хотя душа твоя тиха;
Но в нем сияет рай вчерашний
И соучастница греха.

1890

Завтра — я не различаю;
Жизнь — запутанность и сложность!
Но сегодня, умоляю,
Не шепчи про осторожность!

Где владеть собой, коль глазки
Влагой светятся туманной,
В час, когда уводят ласки
В этот круг благоуханный?

Размышлять не время, видно,
Как в ушах и в сердце шумно;
Рассуждать сегодня — стыдно,
А безумствовать — разумно.

1891

Ель рукавом мне тропинку завесила.
  Ветер. В лесу одному
Шумно, и жутко, и грустно, и весело, —
  Я ничего не пойму.

Ветер. Кругом все гудет и колышется,
  Листья кружатся у ног,
Чу, там вдали неожиданно слышится
  Тонко взывающий рог.

Сладостен зов мне глашатая медного!
  Мертвые что́ мне листы!
Кажется, издали странника бедного
  Нежно приветствуешь ты.

1891

Она ему — образ мгновенный,
Чарующий ликом своим,
Он — помысл ее сокровенный;
Да кто это знает, да кто это выскажет им?

И, словно велением рока,
Их юные крылья несут…
Так теплится счастье далеко,
Так холоден ближний, родимый приют!

Пред ним — сновидение рая,
Всевластный над ней серафим;
Сгорает их жизнь молодая…
Да кто это знает, да кто это выскажет им?

1892

А.Л.Бржеской

Далекий друг, пойми мои рыданья,
Ты мне прости болезненный мой крик.
С тобой цветут в душе воспоминанья,
И дорожить тобой я не отвык.

Кто скажет нам, что жить мы не умели,
Бездушные и праздные умы,
Что в нас добро и нежность не горели
И красоте не жертвовали мы?

Где ж это все? Еще душа пылает,
По-прежнему готова мир объять.
Напрасный жар! Никто не отвечает,
Воскреснут звуки — и замрут опять.

Лишь ты одна! Высокое волненье
Издалека́ мне голос твой принес.
В ланитах кровь, и в сердце вдохновенье.
Прочь этот сон, — в нем слишком много слез!

Не жизни жаль с томительным дыханьем, —
Что жизнь и смерть? А жаль того огня,
Что просиял над целым мирозданьем,
И в ночь идет, и плачет, уходя.

1879

На книжке стихотворений Тютчева

Вот наш патент на благородство, —
Его вручает нам поэт;
Здесь духа мощного господство,
Здесь утонченной жизни цвет.

В сыртах не встретишь Геликона,
На льдинах лавр не расцветет,
У чукчей нет Анакреона,
К зырянам Тютчев не придет.

Но муза, правду соблюдая,
Глядит — а на весах у ней
Вот эта книжка небольшая
Томов премногих тяжелей.

1883

Оглавление

«Когда мои мечты за гранью прошлых дней...»	3
«Ты отстрадала, я еще страдаю...»	4
Ничтожество («Тебя не знаю я. Болезненные крики...»)	5
Ласточки («Природы праздный соглядатай...»)	6
Осень («Как грустны сумрачные дни...»)	7
«Учись у них – у дуба, у березы...»	8
«Страницы милые опять персты раскрыли...»	9
«Прости! во мгле воспоминанья...»	10
«Еще люблю, еще томлюсь...»	11
«Кляните нас, нам дорога свобода...»	12
«О, как волнуюся я мыслию больною...»	13
«Я болен, Офелия, милый мой друг!..»	14
«На заре ты ее не буди...»	15
Весенние мысли («Снова птицы летят издалека...»)	16
«Пришла, – и тает все вокруг...»	17
Майская ночь («Отсталых туч над нами пролетает...")	18
«Зреет рожь над жаркой нивой...»	19
«Непогода – осень – куришь...»	20
Псовая охота («Последний сноп свезен с нагих полей...»)	21
Осенняя роза («Осыпал лес свои вершины...»)	22
«Кот поет, глаза прищуря...»	23
«Чудная картина...»	24

«Ночь светла, мороз сияет...» 25

«Зеркало в зеркало, с трепетным лепетом...» 26

«Не отходи от меня...» 27

«Я полон дум, когда закрывши вежды...» 28

«Полуночные образы реют...» 29

«Шумела полночная вьюга...» 30

«Недвижные очи, безумные очи...» 31

«Как мошки зарею...» 32

«Спи – еще зарею...» 33

Римский праздник («Нет ничего тоскливей муки...») 34

«Вчера я шел по зале освещенной...» 35

Бал («Когда трепещут эти звуки...») 36

«Ярким солнцем в лесу пламенеет костер...» 37

«Сияла ночь. Луной был полон сад. Лежали...» 38

«В дымке-невидимке...» 39

«Истрепалися сосен мохнатые ветви от бури...» 40

«Месяц зеркальный плывет по лазурной пустыне...» 41

Романс («Злая песнь! Как только возмутится...») 42

«Я видел твой млечный младенческий волос...» 43

«Только в мире и есть, что тенистый...» 44

В лунном сиянии («Выйдем с тобой побродить...») 45

«Что за звук в полумраке вечернем? Бог весть...» 46

«Я тебе ничего не скажу...» 47

«Моего тот безумства желал, кто смежал...»	48
Во сне («Как вешний день твой лик приснился снова...»)	49
«Мы встретились вновь после долгой разлуки...»	50
«Шепот, робкое дыханье...»	51
«Заря прощается с землею...»	52
Колокольчик («Ночь нема как дух бесплотный...»)	53
«Благовонная ночь, благодатная ночь...»	54
«Сегодня все звезды так пышно...»	55
«Облаком волнистым...»	56
«Я пришел к тебе с приветом...»	57
«Люди спят, мой друг, пойдем в тенистый сад...»	58
«Растут, растут причудливые тени...»	59
Больной («Его томил недуг...»)	60
В саду («Приветствую тебя, мой добрый старый сад...»)	61
«Какие-то носятся звуки...»	62
У камина («Тускнеют угли. В полумраке...»)	63
Горное ущелье («За лесом лес, и за горами горы...»)	64
Музе («Надолго ли опять мой угол посетила...»)	65
«Я был опять в саду твоем...»	66
Грезы («Мне снился сон, что сплю я непробудно...»)	67
«Молчали листья, звезды рдели...»	68
«Чем тоске я не знаю помочь...	69
Осенью («Когда сквозная паутина...»)	70

«В душе, измученной годами...»	71
«Чем безнадежнее и строже...»	72
«Как нежишь ты, серебряная ночь...»	73
«Кому венец: богине ль красоты...»	74
Тополь «Сады молчат. Унылыми глазами...»	75
«Только встречу улыбку твою...»	76
Псевдопоэту («Молчи, поникни головою...»)	77
«Солнца луч промеж лип был и жгуч, и высок...»	78
«Как беден наш язык...»	79
«Ты вся в огнях. Твоих зарниц...»	80
«Как трудно повторять живую красоту...»	81
На качелях. («И опять в полусвете ночном...»)	82
«Из тонких линий идеала...»	83
«Завтра – я не различаю...»	84
«Ель рукавом мне тропинку завесила...»	85
«Она ему – образ мгновенный...»	86
А.Л. Бржеской («Далекий друг, пойми мои рыданья...»)	87
На книжке стихов Тютчева («Вот наш патент...»)	88